AF561886

# DÉFENSE

DU GOUVERNEMENT DE

# S. M. NAPOLÉON III

EMPEREUR DES FRANÇAIS

SUIVIE D'UN

APERÇU SUR L'IMPOSSIBILITÉ DE L'EXISTENCE, POUR LE MOMENT,

D'UNE

# RÉPUBLIQUE EN FRANCE

PAR

ÉMILE-JOSEPH LAURICHESSE
ermite d'Ambès.

BORDEAUX
IMPRIMERIE GÉNÉRALE D'ÉMILE CRUGY
*16, rue et hôtel Saint-Siméon, 16*
1869

# DÉFENSE

DU GOUVERNEMENT DE

# S. M. NAPOLÉON III

**EMPEREUR DES FRANÇAIS**

SUIVIE D'UN

APERÇU SUR L'IMPOSSIBILITÉ DE L'EXISTENCE, POUR LE MOMENT,

D'UNE

## RÉPUBLIQUE EN FRANCE

PAR

ÉMILE-JOSEPH LAURICHESSE
ermite d'Ambès.



BORDEAUX
IMPRIMERIE GÉNÉRALE D' CRUGY
*16, rue et hôtel Sai Siméon, 16*
18

# PRÉFACE

Je soutiens, par justice et par reconnaissance, le Gouvernement de S. M. Napoléon III, Empereur des Français.

Par justice : parce qu'il a, dans son temps, arrêté le bras révolutionnaire qui, par ses coups, renversait l'ordre et la paix, et que, par son dévouement à la bonne cause, il a empêché la France de tomber dans un abîme de malheurs que les émeutiers n'eussent pas manqué de lui creuser par des bouleversements anarchiques et par des guerres étrangères qu'ils eussent attirées par leurs mauvaises passions.

Comme l'élu de la nation, S. M. l'Empereur, comprenant l'importance des nombreux et difficiles devoirs que lui imposait cet honorable mandat, et s'arrachant à toute impression égoïste, s'est, par dévouement et par sympathie pour ses sujets, jeté, au péril de sa vie, à travers les obstacles, qu'il a presque tous vaincus, brisés, pour mener sa nation au but heureux qu'il s'est proposé.

Il a recherché, avec une infatigable ardeur, tous les moyens propres à l'élever à un haut degré de prospérité, de civilisation, enfin à la mettre dans une position aussi honorable que physiquement heureuse.

Sur son initiative, son Gouvernement a constamment travaillé à l'amélioration de la classe ouvrière, au développement de l'industrie, du commerce, de l'agriculture.

Oui, partout où je vais, tout m'instruit et me crie
Que notre auguste Chef illustre sa patrie!
Et qu'elle est, aux regards de tout homme savant,
Du Génie une terre où tout, en elle, abonde,
Lorsque l'habile main d'un chef aussi vaillant
La cultive si bien et la rend si féconde!
Oui, partout où j'arrête, en chemin, mes regards,
Tout me dit que jamais de notre noble France
On ne vit tant briller les sciences, les arts,
Et de son sein produire une telle abondance.

Je le soutiens, parce que les germes de paix que son entendement a semés en tous lieux sont éclos, grâce au ciel! et donnent leurs richesses.

Par reconnaissance : parce que, sous l'aile tutélaire de la paix, qui protége mon modeste toit, je goûte le repos; et que, grâce à des moyens faciles de transport, tous les objets propres à la subsistance m'arrivent abondamment.

A l'accusation outrageante lancée contre le Gouvernement, mon cœur s'est ému, et, dans mon indignation, j'ai composé, d'après mes faibles facultés, une défense que je soumets à l'appréciation des honnêtes gens, et que je dédie au Gouvernement, comme un témoignage de ma reconnaissance.

Aux aspirations d'une partie du peuple à la République, voyant que l'horizon politique se couvrait de vapeurs et d'orages pouvant soulever une tempête révolutionnaire et nous attirer la guerre, voyant les affaires en éprouver un malaise et les esprits en être inquiétés, j'ai fait, à la suite de la défense du Gouvernement, un aperçu constatant l'impossibilité de l'existence d'une République en France, afin que, convaincu de cette impossibilité, le peuple pût se réunir au Gouvernement, et, par là, le rendre plus fort par la concentration des volontés.

Heureux, mille fois heureux ! si mon ouvrage pouvait atteindre à ce but. Mon cœur tressaillerait de joie, en voyant les sujets entrer dans la voie large des progrès que S. M. l'Empereur leur a ouverte, et marcher, à sa suite, à l'humanité vers laquelle nous avançons par l'éducation et par la religion.

NOTA. — Pour mettre cet ouvrage à la portée de toutes les intelligences, je me suis abstenu de définitions métaphysiques.

L'apparition tardive de cette défense provient : 1° de ce que, publiée avant ou pendant les élections, elle eût été réputée faite dans le but de favoriser les candidatures officielles ; 2° d'une indisposition de l'auteur, qui l'a empêché de publier son ouvrage dès que le scrutin a eu décidé.

# I

Le cri de la liberté est parfois sorti du sein de la France, a retenti comme un coup électrique dans toute l'Europe, fait vibrer les cœurs des peuples et trembler les rois sur leurs trônes; mais que de sang cet esprit de liberté n'a-t-il pas fait verser !

« Derrière les masses mal intentionnées, il se trouve toujours des minorités violentes qui, à la différence de la Providence, ne font jamais entrer le temps dans le calcul de leurs desseins, et comptent suppléer, par la force, à cet élément indispensable de toute œuvre humaine. Pénétrés de la vérité de leurs doctrines et pleins de confiance dans leur propre sagesse, ces hommes s'imaginent qu'ils n'auront qu'à s'emparer du pouvoir pour illuminer leur pays d'une subite clarté et pour avoir à leur service la force d'une universelle conversion. Tout progrès pacifique, mais lent, leur paraît un vol fait à leur domination nécessaire et au règne de la vérité; et quoiqu'ils aient, à les entendre, tout l'avenir devant eux, ils n'épargneront jamais rien pour la devancer. »

L'insatiable avidité des honneurs fait battre le cœur de l'ambitieux à la vue d'un grade plus élevé que le sien. Que de soupirs en voyant ces brillants dehors ! Que d'élans vers cet horizon reflétant tant d'éclat ! Que de peines, de privations à supporter, de dangers à courir dans ce chemin escarpé, difficile ! Que de veilles épuisantes, de fatigues accablantes, d'anxiétés continuelles, d'hypocrites et serviles civilités, de soumissions humiliantes; que de déceptions à essuyer! Que de ressorts vigoureux, de détours, de feintes, de ruses secrètes pour les faire jouer! Que d'efforts à surmonter, de résistances à vaincre! Que de belles nuances, changeantes comme celles du caméléon, en rapport avec les opinions flottantes! Que de promesses, de protestations pour se concilier l'estime et la confiance des gens, donner l'élan à leurs cœurs et leur arracher des suffrages pour arriver à ce but!

Que de tracas et d'efforts pour étendre sa sphère toujours trop petite à l'œil de l'ambitieux; souvent que d'injustices pour réussir; que de concurrents à combattre; que de tourments à essuyer pour en triompher; que de réputations respectables foulées aux pieds pour les devancer; que d'oppressions, de ruses infernales, de piéges traîtres pour les déplanter!

A ceux-là, je dirai : Opprimez votre patrie, épuisez ses ressources, détruisez-en la vie lorsque vous lui devez la vôtre. Ouvrez une large blessure à son sein qui vous aime; faites-en jaillir ce sang dans lequel vous voudriez éteindre le feu de votre rage contre elle; soyez-en donc les bourreaux, si vous n'avez pas assez de vertu pour en être les bienfaiteurs!

Par d'odieuses, infâmes calomnies, ils distillent sur quelques actes du Gouvernement le fiel amer et corrosif de leur noire envie, de leur infernale malice! et sur l'éclat de sa gloire, justement méritée par tant de bienfaits dont il a doté la France, ils soufflent le venin noir et infect de leur implacable haine.

Dans leur injuste et sombre envie, qui les remplit d'un feu qui les tourmente à la vue du mérite éclatant du

Chef si noble de l'État, ils osent, avec une inconcevable audace, emboucher la trompette et livrer sa réputation, après l'avoir noircie de leur venin mortel, aux cent voix de la Renommée, qui l'emporte sur ses ailes noires et rapides, la déforme, la déchire par ses sons discordants, et qu'elle jette, comme curée, à la foule curieuse et médisante, qui la déchire et la disperse comme ces linges que les dents d'un pourceau font voler en lambeaux dégoûtants !

Ils ne prévoient pas, non, ils ne prévoient pas que cette implacable haine que, par leurs injustes calomnies, ils font éclore dans le cœur du peuple, va fermenter, fumer par tous les pores de sa chair, allumer le feu de la vengeance, et mettre dans son insolente bouche le cri de menace, et dans sa main un fer homicide, inhumain, pour frapper çà et là !

Dans leur aveugle ambition, ils ne s'aperçoivent pas qu'ils vont mettre la division dans la société, faire gémir les arts, frapper le commerce d'inertie, désunir les peuples, mettre la guerre dans les États et peut-être l'anarchie !

Ils reprochent à S. M. l'Empereur d'avoir, par son silence, occasionné l'agrandissement de la Prusse.

Il avait sans doute des raisons valables pour agir de la sorte. Je les ignore.

Ils lui reprochent les excessives et ruineuses dépenses faites pour organiser l'armée.

Pouvait-il, en face des puissances armées jusqu'aux dents, rester les mains vides ?

N'était-il pas urgent, nécessaire, indispensable même de mettre la France sur un pied de défense convenable, en augmentant le contingent de l'armée et le matériel de la guerre ?

Il en coûte donc bien de sacrifier un peu d'or pour la conservation de ce qu'on a de plus cher : de ses enfants, de sa propre vie, de ses libertés et de son patrimoine?

Ah! s'il en coûte, c'est parce que votre raison est aveuglée par votre vil égoïsme, au point de ne pas reconnaître que l'augmentation du contingent de l'armée et du matériel de la guerre était nécessaire, indispensable.

Pouvait-on délibérer, hésiter un seul instant entre le parti d'épargner quelques millions pour sauvegarder la France, vos intérêts, votre foyer, vos enfants, les plus précieux de vos biens!

La diminution du contingent de notre armée ne peut avoir lieu que tout autant que les puissances, d'un commun accord, diminueront le leur.

Quoi! l'ennemi était là, l'œil étincelant du feu de la colère, la haine dans son cœur, un fer homicide à la main, et il aurait fallu rester les mains vides? Il fallait hésiter, attendre, lorsque ce puissant et redoutable ennemi, lorsque la mort était à votre porte?

Quand on était près d'immoler, je ne dis pas seulement vos enfants en activité de service, mais encore des milliers d'autres qu'il aurait fallu lever à la hâte, et qui, sans expérience, sans aucune tactique militaire, eussent probablement été vaincus, en partie sacrifiés?

Et vous trouvez exorbitantes, injustes les dépenses qu'ont nécessitées les moyens de défense que S. M. l'Empereur a su déployer pour maintenir la France en sécurité, lui conserver ses institutions, ses libertés, enfin, pour la maintenir dans le rang qui lui appartient!

Quoi! vous ne comprenez pas que, sans ce grand déploiement de forces, votre patrie serait peut-être aujourd'hui même envahie, vos enfants impitoyablement égorgés, vos plus beaux monuments détruits, vos lois méprisées, vos libertés brisées, et le joug le plus humiliant courbant vos fronts aux pieds d'un superbe despote vainqueur !

Quant à l'échelle de la marée montante des impôts, « il résulte des recherches faites par M. Pauly, géomètre-expert, possesseur ou gérant depuis longtemps de plusieurs propriétés situées sur divers points du département, que les contributions directes (centimes locaux compris) imposées sur ces propriétés, loin de s'être accrues, comme la malveillance a essayé de l'insinuer, sont aujourd'hui moins élevées. »

« Ainsi, M. Pauly établit, d'après ses feuilles d'avertissement, que ces mêmes propriétés, qui, dans une période de vingt-trois ans, n'ont subi aucune modification quant à leur étendue, acquittaient, en 1847, 7,407 fr. 83 c. d'impôt direct, tandis qu'elles n'en acquittent, aujourd'hui, que 7,365 fr. 25 c.; et cela, malgré l'incontestable augmentation de valeur dont elles ont profité (1). »

Quant à la guerre du Mexique, qui a coûté 800 millions, bien de regrettables morts, entre autres celle de Maximilien, je réponds : que le vaisseau de l'État, si fortement agité par des vents contraires, ou voguant sur une mer obscurcie par des brouillards, ne voit pas toujours les écueils qui sont la cause de naufrages malheureux !

Quant aux prodigalités qu'on reproche au Gouvernement pour les embellissements de Paris, je réponds : que Lacédémone, victorieuse d'Athènes, a été, d'après M. de Châteaubriand, effacée de la terre, tandis qu'Athènes, vaincue par Lacédémone, s'est immortalisée, comme

(1) Réponse par la Préfecture de la Gironde aux critiques relatives à l'échelle de la marée montante.

ayant été le centre des sciences, des beaux-arts et la patrie d'hommes célèbres; ce qui démontre que la barbarie ne produit qu'une fausse gloire, tandis que l'éducation, le mérite élève l'homme au faîte des grandeurs!

Malgré tout le désir que j'ai de soutenir le Gouvernement, je ne sacrifierai jamais ma conscience au désir d'approuver un luxe excessif.

Le Gouvernement s'est laissé aller à la fâcheuse maladie, on peut dire, à l'épidémie de l'amour du luxe. Je suis l'admirateur des bienfaits dont il a doté la France, mais je ne puis être l'approbateur de ses défauts.

Le luxe est un aiguillon qui anime l'ambition, porte l'homme à se créer des besoins factices, lesquels, en augmentant, lui créent une plus forte somme de peines.

Le luxe éteint le sentiment du noble, relâche le ressort de l'honnêteté, aiguise l'appétit pour le faste, et conduit l'homme, orné de diamants, à son propre abaissement, en l'empêchant de s'élever à ses hautes facultés d'où il réagirait sur ses puérilités, et brillerait par des vertus profitables à la société.

Le luxe conduit une nation à sa propre ruine, car, en lui inspirant du dégoût pour les vertus, qui lui donnaient la force de résister aux tempêtes révolutionnaires, elle tombe dans la corruption qui la conduit à sa perte.

Cependant, comme les dépenses faites pour les embellissements de Paris peuvent être l'objet d'une cause urgente, indispensable, d'une utilité immense, et comme je puis, à cet égard, être dupe des insinuations et des calomnies des ennemis du Gouvernement, je réclame de ceux qui en font partie toute l'indulgence que mérite mon ignorance, et les prie de me croire bien éloigné de vouloir faire le moindre reproche au Gouvernement, dont les vues sages et éclairées surpassent les miennes.

Comme on pourrait me reprocher de proscrire le luxe, lorsqu'il est l'aliment de l'industrie, je répondrais que ce n'est pas précisément le luxe que je critique, mais bien les excessives dépenses que l'on fait en dehors de ses propres moyens et l'orgueil que l'on éprouve au prestige éblouissant qu'il semble donner à notre personne.

Ce n'est pas l'habit qui fait l'orgueil, mais bien la manière de le porter; car l'orgueil est dans l'idée et non dans les plus beaux ornements sortant de nos mains, car tout cela n'est rien en comparaison des merveilles du Créateur. Une seule mouche, par son organisation admirable, est plus merveilleuse que vos œuvres; car elle est animée, et vos œuvres ne le sont pas.

Aux reproches adressés par des candidats démocratiques au sujet des excessives dépenses faites pour la capitale, ne pourrait-on pas opposer quelques excuses? Par exemple : par sa beauté, elle attire de curieux étrangers, et ces visites vous profitent; comme le centre des sciences et des beaux-arts, c'est dans son sein que l'on vient en puiser les trésors, et ces trésors vous rapportent intérêt; comme assainie, elle ne porte plus dans ses flancs la fange, la corruption qui la transformait en un cloaque pestilentiel; mais la vie est maintenant prolongée en son sein, ce qui n'est pas un des moindres avantages.

Devait-elle végéter dans la simplicité, quand les villes des provinces sont parées des plus riches ornements?

Comme capitale, elle doit porter sur son front la couronne de reine des autres cités, ses sujettes.

Prenez garde, par vos clameurs et vos idées subversives, d'attirer sur elle la ruine fâcheuse de l'ancienne Babylone!

Quant aux reproches adressés au Gouvernement au sujet de l'emprunt de quatre milliards, je crois le Gouvernement trop sage, trop prévoyant et consommé politique, et S. M. l'Empereur doué d'une trop vaste intelligence et de trop de prudence pour avoir (si du moins cela est) contracté, sans de valables raisons, un emprunt qui l'exposerait aux suites funestes prédites par ses ennemis, s'il n'avait espéré que l'excédant des recettes pourrait couvrir l'excédant des dépenses.

Ainsi, leurs reproches sont mal fondés, car tout s'améliore, se développe ensemble :

L'agriculture, aux abondants produits qui alimentent le commerce ;

Le commerce, auquel la confiance imprime le mouvement et dont la libre circulation s'étend jusqu'aux extrémités du globe, par la prépondérante influence du Gouvernement de S. M. l'Empereur ;

L'industrie, alimentée par le commerce et les produits du sol ;

Cette même industrie qui transforme ces produits en mille et mille objets utiles et précieux qu'elle livre au commerce ;

Les beaux-arts, dont les produits merveilleux augmentent la richesse du pays, tout en faisant l'admiration des étrangers et la gloire des artistes ;

L'éducation, qui est le creuset où l'esprit se délivre des ténèbres qui l'obscurcissaient, comme une eau qui, par la distillation, s'épure des matières hétérogènes qui la troublaient.

Promenez vos regards sur ces riches et fécondes campagnes, sur ces villes qui sont toutes autant de superbes Babylones! Voyez :

Le colosse riant de notre Agriculture,
Qu'entravait la routine aux devoirs copiés,
Relevé par les mains de la bonne Culture,
Se dresser aujourd'hui, rayonnant, sur ses pieds :
Le front tout couronné des beaux présents de Flore,
Les mains pleines de l'or des plus riches moissons,
Versant dans notre sein, que le désir dévore,
La joie et le bonheur avec tous ses grands dons.
Le Génie étonnant des arts, de l'industrie,
Languissant autrefois au sein de la patrie,
Sentant un feu secret et très-brûlant encor,
Réchauffer son beau sein, agiter sa paupière,
En faisant jaillir la lumière,
A déployé son aile et repris son essor,
Comme l'aigle, de sa très-brûlante prunelle,
Fait jaillir à grands jets la brillante étincelle,
Quand, prenant son essor d'un vol victorieux,
Affrontant le soleil, s'élève jusqu'aux cieux!

D'un pays isolé des villes,
Sans chemins de fer très-faciles,
Bien des produits, mon cher lecteur,
Restaient sur les lieux sans valeur;
Mais, maintenant, partout en France,
Des produits en grande abondance,
Grâce à nos chemins achevés,
Arrivent sur tous nos marchés.
Voyez déjà, pleine d'ivresse,
La foule de gens qui se presse :
Ce sont pour nous d'anciens voisins,
Ignorés faute de chemins,
Qui viennent, à marche légère,
Nous donner le baiser de frère,
Et nous offrir présentement
Leur industrie et leur talent.
Grâce à cette nouvelle voie,
Nous voyons tous avec grand'joie
Les propriétés, cher lecteur,
Augmenter encor de valeur,
Par l'utile et par l'agréable
Provenant d'un chemin viable,
Qui d'un pays des plus affreux
En fait un, ma foi! plus heureux.
Les chemins gravés et faciles,
Ouvrant entre les bourgs, les villes,
D'excellents moyens de transports,

Font circuler tous les trésors
De Cérès, de Bacchus, de Flore ;
Sont un nœud qui resserre encore
Parents, amis, peuples entre eux,
Et font qu'ils sont moins malheureux.

Grand nombre de vapeurs, aussi prompts que l'éclair,
Sillonnant l'océan, allant de place en place,
Comme le trait qui vole, ou l'oiseau, dans l'espace,
Qui, de ses ailes, fend l'immensité de l'air,
Transportent tous les ans, jusqu'aux confins du monde,
Tous les riches produits de la France feconde.

Si, comme l'a proposé S. M. l'Empereur, on créait une cour souveraine pour juger les différends des princes et des monarques, on pourrait faire cesser ces horribles boucheries où ruisselle le sang de tant d'innocentes victimes !

On pourrait, d'un commun accord, désarmer, et, des économies que produirait la diminution du contingent de l'armée, favoriser l'éducation.

A l'aspect du baiser de paix que les souverains se donneraient, la haine des partis se trouverait désarmée. La paix arborerait son pavillon qui serait le signe de ralliement des peuples. L'aurore de l'amour, de la fraternité, de la justice reflèterait ses rayons d'or qui feraient vibrer les cœurs de la plus délicieuse joie ! A l'horizon politique, chargé d'éclairs et de tempêtes, succéderaient de beaux jours.

A la place des libertés et du bien-être qu'au peuple quelques démocrates osent promettre ; au lieu de la diminution du contingent de l'armée, des impôts, de la terre fécondée par plus de bras, de la douce et bienfaisante paix, d'un commerce immense et florissant, et de l'éducation généralisée et gratuite qu'au peuple ils promettent tant, qu'ils prennent garde, par leurs idées contraires au Gouvernement qui convient à la France, de ne pas faire naître la guerre qui creuserait un effroyable et profond abîme de malheurs !

Où ruissellerait le sang, le précieux sang de milliers et peut-être de millions d'hommes ;

Et d'où s'élèveraient les sanglots et les lamentations des mères affligées ; les gémissements des blessés en proie à des souffrances atroces ; enfin les plaintes et les gémissements de milliers et de millions :

1° De malheureux sans pain, en proie aux souffrances de la misère ;

2° Du commerce sans vie ;

3° De l'industrie sans ouvrage, en proie aux tourments de la faim ;

4° De l'agriculture sans bras, sans abondants produits ;

5° Des malheureux dépossédés de leurs habitations ou de leurs champs fertiles ;

6° Des malheureux, dépouillés de tout, pleurant sur les ruines de leur cité ravagée par le fer et par le feu ;

7° Les cris et les lamentations de la terre incendiée, ravagée, appauvrie ;

8° Enfin le sang de toutes ces malheureuses victimes demandant au ciel vengeance contre les auteurs d'abominables forfaits !

## II

Les Français peuvent-ils vivre sous le gouvernement démocratique ?

La République doit avoir pour base la vertu ; elle suppose l'amour, la charité, le dévouement, l'abnégation, enfin les sentiments qui unissent les hommes.

Il n'y a que deux sentiments : haine et amour. Le premier divise les hommes, et l'autre les unit. Je vais le prouver en peu de mots :

L'amour modéré de nous-mêmes, ayant pour motif notre conservation personnelle, est tolérable ; mais porté à l'excès, il constitue l'amour-propre ou l'égoïsme.

L'égoïsme ou l'amour charnel et déréglé de nous-mêmes est un aveugle sentiment d'où découlent : l'aveugle présomption, la ridicule vanité, le sot orgueil, la basse cupidité, l'ambition effrénée, la sombre et jalouse envie, la cruelle vengeance, la féroce barbarie ; en un mot, toutes les passions qui nous ravalent au rang de la bête.

Cet égoïsme, qui divise les hommes, est la cause occasionnelle de haine ; car nos intérêts, étant en rapport avec ceux des autres, se trouvent froissés par les entraves que des concurrents leur opposent ; de là, des haines invétérées, des vengeances cruelles, des divisions regrettables, des guerres terribles, des souffrances continuelles et d'affreux malheurs !

Pourquoi l'homme déteste-t-il son semblable ? La haine

s'allume dans le cœur de l'un, à l'air dédaigneux, au ton arrogant, impérieux de l'autre, qui le choquent; à ses railleries blessantes; à ses traits caustiques qui le piquent; au fouet de sa satire qui le blesse; au fiel amer, corrosif et mortel de sa sombre envie; au noir odieux de sa calomnie qui le déshonore; au trait noir de sa perfidie qui le blesse, le rend dupe et malheureux; à ses injustices préjudiciables; à sa rivalité qui froisse ses intérêts; à ses croyances, à ses opinions différentes des siennes et qui le choquent; à son opiniâtreté à ne pas ajouter foi aux siennes qu'il croit être meilleures; à son grade, à son talent, à son adresse, à sa fortune, à son luxe qui lui portent envie; enfin, au conflit d'intérêts et d'opinions qui existent entre eux.

Or, la haine divise les hommes.

Et comment, avec des passions qui leur inspirent la haine qui les divise, pourraient-ils vivre sous un gouvernement démocratique qui veut l'amour, la charité, le dévouement, l'abnégation, l'intégrité et la vertu pour base?

Si la vertu manque, la République s'écroule, parce qu'elle n'a pas un fondement solide.

Comment, dis-je, les hommes pourraient-ils vivre dans des rapports de parfaite union, s'ils ne sont pas unis par les mêmes sentiments, par les mêmes volontés? car c'est la réunion des volontés qui fait la force des nations.

Or, les passions faisant naître un conflit d'intérêts et d'opinions entre eux, ils ne peuvent donc être unis; ce qui les fait passer par les mêmes phases de troubles, de guerres et de malheurs pour revenir au même point de départ, quand ils renversent le Gouvernement monarchique pour y substituer la République.

L'existence des républiques de la Grèce est tout à fait

momentanée, c'est un accident de la paix : la guerre conduit Rome aux pieds de ses généraux et met les Romains sous le joug des empereurs. Les républiques italiennes du moyen âge, pour se gouverner, invoquent des protecteurs; pour se défendre, elles soudoient des condottieri; elles reconstruisent d'elles-mêmes l'association guerrière et politique qui doit les détruire. Les gouvernements libres finissent donc par se donner des protecteurs, ou des libérateurs, ou des maîtres, ou par céder à des aristocraties commerciales qui savent s'emparer du monopole de l'armée. Les formes de cette transaction peuvent varier indéfiniment. Aristote et Machiavel en ont indiqué toutes les combinaisons possibles; mais la monarchie est la forme la plus solide, la plus durable, la plus vraie au point de vue historique, celle qui se dégage naturellement de l'aristocratie et de la démocratie, parce qu'elle est enfantée par les deux associations à l'instant même où elles se combattent. »

La République de 92 dégénéra en licence et aboutit au Gouvernement révolutionnaire, à la Terreur qui, après avoir donné la dictature d'une épée, aboutit à l'Empire.

En 1848, l'esprit de liberté a déchaîné la tempête révolutionnaire, dont le souffle impétueux a renversé le trône et jeté sur des terres étrangères une famille royale éplorée! et, dans le fort de la tourmente où le peuple était agité, poussé, renversé, un pilote habile et généreux s'est emparé de la conduite du vaisseau de l'État, et, en le conduisant avec sagesse et avec prudence sur la mer soulevée par des orages et parsemée d'écueils, il l'a empêché de faire naufrage.

Enfin, aucune République n'a pu exister en France.

Puisque la haine divise les hommes, l'amour doit les réunir.

Mais comment inspirer l'amour? Par l'éducation; elle s'adresse à la conscience d'où nous extrayons l'idée du bien qui sert de base à la morale, qu'on divise en morale générale (science du devoir), et morale particulière renfermant les devoirs de l'homme envers lui-même, envers la société et envers l'Être suprême.

L'éducation déroule donc à l'homme tous les devoirs envers lui et envers les autres, que lui prescrit la morale particulière; et, en dissipant les ténèbres de son esprit qui obscurcissent ces devoirs, elle les lui rend clairs, lui en fait sentir le prix, enfin les avantages qui en sont les conséquences infaillibles : la paix, l'union, le bonheur parmi les hommes.

C'est à son rayonnant flambeau que le génie, se dépouillant de toutes ses ténèbres, s'élève à une immense hauteur; que le jugement devient plus sain, plus réglé; que le goût, dégagé de toute rudesse, devient plus fin, plus délicat, plus pur.

En faisant évanouir les illusions de l'imagination, elle l'empêche de soulever, dans le cœur, la tempête qui est la cause de tant de naufrages malheureux!

Elle démontre à l'homme que lorsque l'égoïsme réfléchi est employé comme stimulant de nos actions, il constitue la morale de l'intérêt que repousse et flétrit la conscience du genre humain, et par cela même lui fait comprendre que celui qui fait le bien sans viser à la récompense obtient la meilleure : l'amour, l'estime, la vénération et la reconnaissance de ses concitoyens.

En faisant remarquer à l'homme ce qui est réellement

juste, équitable, noble et dans son intérêt, comme dans celui de tout le monde, elle ferme son cœur aux mauvais sentiments, tels que ceux de vil égoïsme, de présomption, de cupidité, d'orgueil, de vanité, d'ambition, d'envie, d'injustice, de haine, etc..., et l'ouvre à l'amour, à la charité, au dévouement, à la loyauté, à la franchise, et le fait compatir aux misères, aux souffrances d'autrui, le brise de douleur à ses peines et le fait battre de joie à son bonheur !

Elle lui donne ces manières polies et engageantes qui lient les citoyens entre eux ; et, en le dotant de sentiments et de manières honnêtes, engageantes, elle en fait un homme pouvant entretenir avec ses concitoyens et les étrangers de bons rapports de paix, d'union, de commerce, de mutuels échanges des utiles produits du sol et des sciences, des beaux-arts et de l'industrie, etc.....

Elle lui donne ces sentiments qui, de la fange, l'élèvent au-dessus de l'animal, et, le revêtissant d'un caractère sacré, le rend digne de respect et d'estime.

Enfin, en éclairant sa raison, elle le met à même de discerner la vérité du mensonge ; le véritable honneur du faux ; l'avantage de l'amour, de l'union, des conséquences fâcheuses résultant de la division ; alors, dis-je, reconnaissant que l'orgueil est sottise, et que l'honneur est dans le dévouement, la charité, il se rapproche de son semblable, et, le considérant sous le type moral, il le respecte, l'estime et l'aime.

C'est le bon dévouement que la vertu fait naître,
Qui fait le vrai mérite aussi bien que l'honneur ;
Car les grandes vertus agrandissent notre être,
Commandent le respect, et font notre grandeur :
Non pas une grandeur qui, toute mensongère,
N'est qu'un orgueil devant l'éternelle lumière ;

Car le simple motif de spéculation,
Otant à chaque fait sa valeur, son prix même,
N'a plus droit à l'estime, à l'admiration,
Comme n'ayant en vue un but divin, suprême (1).

En effet, que nous dit la raison éclairée? que l'union fait la force, mais que les passions nous divisent; qu'il est urgent de nous en dépouiller, et, par conséquent, de remonter à nos hautes facultés, et d'adopter les sentiments de la conscience qui, seuls, peuvent nous réunir : tels que l'amour, le dévouement, la bonne foi, la franchise, la charité, toutes les attentions, les égards, les civilités qui sont les liens des hommes entre eux.

L'amour divin épure le cœur de l'injuste égoïsme qui le resserre; de l'orgueil qui l'endurcit; de l'avarice qui le rend insensible aux cris des malheureux; de la haine qui l'anime contre autrui et l'en éloigne; de la vengeance qui le rend cruel et féroce; de la barbarie qui le rend inhumain.

« L'amour est la base de la civilisation, le lien des familles, des sociétés et de tous les peuples qu'il doit réunir étroitement dans de bons rapports de fraternité; de manière à ne faire qu'une seule famille, une seule société universelle. »

C'est de son cœur brûlant que coulent ces trésors de la charité qui, par des myriades de petits canaux, vont porter, au sein de bien des malheureuses familles, ces mille et mille secours, ces mille et mille consolations qui, en soulageant bien des besoins, en calmant bien des souffrances, en tarissant bien des larmes, extirpent la misère, lèpre hideuse et cruelle, qui s'en va rongeant,

(1) Un motif moral.

dégradant, victimant et plongeant dans la tombe tant de malheureuses victimes !

L'amour est le premier commandement, le plus essentiel au bonheur de tout le monde. Aimer, c'est tendre vers son prochain et s'en rapprocher, le cœur plein de bonnes dispositions, les mains pleines de bienfaits, la bouche pleine de consolations pour ses peines et d'indulgences pour ses défauts; en un mot, c'est lui faire ce que nous voulons qu'il nous soit fait.

Au feu brûlant de l'amour, on voit éclore la charité !

La Charité, bel ange ! son regard est doux et tendre, son front serein, son visage plein d'aménité, sa voix tendre et consolante comme celle d'une bonne mère ; son sein inépuisable de bontés, tressaille au bonheur d'autrui, se brise à ses peines, à ses moindres douleurs. Le cri de l'infortune est pour elle le cri d'alarme et d'appel ! elle vole pour la secourir et la consoler.

La Charité, c'est l'ange gardien de tout le monde, qui soupire pour votre bonheur, mêle ses pures joies aux innocentes joies de tous, et ses larmes amères aux pleurs de ceux qui sont dans la souffrance. Son cœur s'indigne à la vue des méchancetés des hommes, de leurs traits caustiques, envenimés, blessants et parfois mortels ; il s'afflige aux blessures, aux douleurs qu'ils occasionnent et aux cris qu'ils arrachent à leurs victimes ! et se brise de douleurs à leurs maux, à leurs angoisses mortelles !

A sa voix, on voit s'élever de toutes parts des sociétés de secours mutuels, de bienfaisance, mais qui laissent désirer des améliorations, soit dans l'augmentation des mises de fonds, soit par tout autre moyen que l'intelligence pourra découvrir, afin de produire des intérêts suffisants pour pouvoir donner une retraite aux vieillards.

A sa voix, le feu de la haine et de la vengeance s'éteint; les ennemis se réconcilient et se donnent le baiser de paix!

La charité! ce sentiment remplit le cœur d'une tendre sollicitude pour tout le monde, et, particulièrement, pour ceux qui souffrent, et, nous arrachant à nos impressions égoïstes, nous fait supporter mille contrariétés, endurer mille dégoûts, mille privations, pour voler au secours des malheureux, pour les soulager et sécher leurs larmes!

La charité, parfois remplissant le cœur d'enthousiasme, nous transporte hors de nous-mêmes, et nous fait faire les choses les plus difficiles et les plus héroïques, en nous faisant braver mille dangers pour sortir notre semblable d'un péril imminent, ou pour l'arracher à un abîme de misères, au profond désespoir, à la mort même!

C'est l'ange, au cœur aimant, sincère,
Venant du Dieu saint, éternel,
Et qui vient porter à la terre
L'amour divin et fraternel!

Voilà les sentiments capables de faire disparaître les haines, d'éteindre le feu de la vengeance, de réunir tous les hommes dans un cercle étroit de bons rapports et de les rendre heureux; en un mot, de mettre un frein au dangereux emportement des passions, et, par conséquent, de tarir la source de tous les défauts qui, semblables à une lèpre, ulcèrent les cœurs, s'en vont rongeant tout ce qui n'est pas eux, affaiblissant l'ordre, la paix indispensable au bonheur.

Ainsi, il n'y a que deux sentiments : haine et amour. La haine nous divise, et l'amour nous unit.

L'amour n'a pas encore dépassé la famille et la patrie, parce que nos intérêts sont liés avec les leurs.

Il peut se faire que l'on aime ce qui est digne de haine, et que l'on déteste ce qui est digne d'amour ; cela provient de l'erreur.

J'ai eu la précaution de démontrer que l'esprit, une fois dépouillé, par l'éducation, des ténèbres qui l'obscurcissaient, nous permet de discerner la vérité du mensonge, ce qui est digne de haine ou d'amour ; par exemple : un butor aime aujourd'hui la gloire des armes ; demain, dépouillé de son erreur par l'éducation, il déteste cette gloire, parce qu'il reconnaît que la guerre est un acte contraire aux lois éternelles de Dieu et à l'humanité.

Or, les passions qui font la haine, existent-elles ? Oui. L'amour qui unit les hommes, existe-t-il ? Non. Eh bien ! jusqu'à ce que, par l'éducation, les hommes se soient élevés aux nobles sentiments de la conscience qui les réuniraient, ils ne pourront vivre en république, parce que les passions la feront toujours avorter.

Comme ils ont les sentiments d'égalité, de fraternité, de sage liberté que leurs consciences leur inspirent, ils tendent constamment vers ce gouvernement ; mais leurs efforts sont superflus, parce qu'ils ont, dans leurs cœurs, l'égoïsme qui engendre toutes les mauvaises passions qui, pour les motifs ci-dessus, les empêchent de vivre sous ce gouvernement.

Contrairement aux sentiments nobles et élevés du vrai républicain, les révolutionnaires prêchent l'athéisme : l'athéisme qui, de temps en temps, ose renier Dieu, et dont les idées antisociales, odieuses, non-seulement contraires au bon sens mais à la croyance universelle des hommes, soulèvent le cœur d'indignation et d'horreur, et remplissent d'épouvante à l'aspect des doctrines qu'elles propagent et des maux qu'elles entraînent dans la société, en ôtant les éléments du bien, de la morale qui la maintiennent dans l'ordre, et qui lient les citoyens entre eux par des devoirs mutuels émanés de la loi divine.

L'athéisme, en éteignant dans l'esprit de bien des gens le flambeau de la foi, les livre à l'incrédulité; en étouffant dans leurs cœurs la crainte de Dieu, les enhardit au mal; en un mot, en leur faisant croire que la nature est Dieu, les livre aux égarements, aux passions, aux vices, aux exhaltations de cette même nature, et en fait des matérialistes, n'ayant en vue que leurs jouissances ici-bas; méprisant, brisant tous les devoirs que leur dictent leurs consciences envers leurs semblables, ne prenant pour maxime que leur propre intérêt, foulant celui d'autrui sous les pieds; prenant la vertu pour risée, le mensonge pour la vérité, les actions honteuses pour glorieuses, de fausses vertus pour du mérite, et qui, par des turpitudes, des excès de toutes sortes, se rangent au rang de la bête.

Qu'on ôte Dieu, ce flambeau intellectuel, ce centre d'attraction vers lequel les esprits gravitent, et puisent la lumière qui les éclaire? Les ténèbres de l'esprit se font, l'homme tombe dans le vide des illusions, des erreurs qui le conduisent à sa perte!

Que l'on place le point d'appui dans la nature? La nature est portée au mal; elle tombe dans la corruption qui la conduit dans un abîme de malheurs!

Leur système, loin d'affranchir les hommes de toute oppression, les livre à des oppressions bien plus grandes; car, en les livrant au matérialisme, d'où sortent les passions, comme des reines despotes, il les livre à l'oppression de l'égoïsme et de l'ambition des autres.

Les diverses opinions qui partagent les philosophes au sujet de l'existence de l'Être sont si nombreuses, que l'homme qui n'a pas assez d'esprit pour démêler la vérité parmi tant d'opinions contraires qui se combattent, est plongé dans le doute qui le fait osciller comme un navire que des flots et des vents contraires agitent constamment; et, prenant pour guide ses penchants, souvent les plus mauvais, il va d'erreur en erreur, et devient la victime de naufrages malheureux, de chutes terribles, où il se brise comme ces nautoniers qui, sur une mer orageuse, obscurcie par des nuages, prenant pour guide la fausse lueur des éclairs, vont se briser sur des écueils qu'ils n'apercevaient pas.

Quand l'homme se sépare de Dieu, n'invoque que la force brutale, n'écoute que son ambition, ne suit que sa volonté despote pour gouverner les autres, il est faible, il tombe, parce qu'il base son pouvoir sur un fondement peu solide, comme un arbre planté sur un sol mouvant et qui tombe au souffle violent de la tempête!

Mais quand il a recours au Monarque des cieux, qu'il base son gouvernement sur la justice, sur la vertu; qu'il a des sentiments d'amour, de charité, de dévouement envers les autres, il est estimé, craint, aimé, même il est fort, parce que de tels sentiments donnent de l'autorité à sa mission.

En portant notre pensée sur les révolutions qui ont ensanglanté la terre, nous voyons le seigneur qui voulait baser son gouvernement sur la force, courber humblement son front aux pieds des rois qui basaient leur empire sur la justice et les lois éternelles de Dieu; les tyrans despotes succombant sous le poids de la verge de fer avec laquelle ils gouvernaient les peuples, et leurs magnifiques statues, destinées à perpétuer leur gloire, renversées par le souffle de la puissance divine!

En reniant le Christ, en méprisant sa morale, non-seulement vous faites preuve de peu de sagesse, mais encore de peu de raison ; car cette morale, en inspirant l'amour, la charité, le dévouement et la vertu à l'homme, en fait un vrai républicain qu'elle conduit à l'humanité, à l'association.

Admettons que cette morale soit mise en pratique, ne seriez-vous pas un peuple de frères unis par les liens de la charité ?

Vous êtes peu conséquents avec vous-mêmes, car vous prétendez organiser un gouvernement démocratique avec des éléments qui le dissolvent : avec le matérialisme qu'inspire l'égoïsme ou l'amour-propre opposé à l'amour, à la charité que l'on doit avoir pour tout le monde, et d'où découlent : la basse cupidité opposée au désintéressement, au sacrifice de notre intérêt particulier à l'intérêt général ; l'aveugle présomption qui nous donne une trop haute opinion de nous-mêmes et une moindre de notre prochain ; le sot orgueil qui croit que tout ce qui sort de lui est plus parfait que ce qui vient d'autrui, et qui, étant opposé à l'humilité, s'éloigne de son prochain ; la ridicule vanité qui met sa gloire dans sa toilette distinguée par son lustre, et opposée à la modestie qui la met dans la simplicité ; l'ambition qui, toujours insatiable d'honneurs, recherche les distinctions qui mettent l'inégalité, et qui, par là, se trouve opposée à l'humilité qui rabaisse sa tête, quelque noble qu'elle soit, au niveau de ses frères ; enfin, toutes les passions qui, corrompant les cœurs et affadissant leur goût pour les sentiments nobles et délicats, en un mot, pour la vertu, conduisent une démocratie à sa perte.

Vous ne voyez pas que toutes ces ambitions, etc., qui

dissolvent une république, sont satisfaites sous un gouvernement monarchique, parce qu'il décerne des prix et des croix aux actions d'éclat.

La morale de Jésus-Christ inspire à l'homme l'humilité qui le penche vers ses semblables; l'amour qui les unit; le désintéressement qui les porte à sacrifier leur intérêt particulier à l'intérêt général; le dévouement qui s'élève chez eux jusqu'à l'héroïsme pour s'entr'aider, se secourir; la charité qui leur fait. à l'exemple de la divinité, généraliser les bienfaits; enfin, la vertu qui, étant le résultat des bons rapports que la raison tire des choses, forme la base solide de la démocratie.

La croix sera toujours le signe de ralliement des hommes, comme inspirant les sentiments nobles et honnêtes qui les unissent.

Si vous voulez une république pure, n'en puisez donc pas les éléments dans le matérialisme, car là vous ne trouverez que l'avidité de l'égoïsme, le fiel de la haine, le feu de la vengeance, le venin de l'envie, le dédain de l'orgueil, le mordant amer de l'ironie, le caustique blessant de la malice, la nuit de l'esprit, et, par suite, toutes les aveugles et pernicieuses erreurs : à leur suite, les illusions décevantes, les rêves et les songes creux à la fin de tout : le vide pour servir de base à votre république. Pour mieux dire, vous ne trouverez là que la corruption, un levain de discorde qui vous dissoudra votre démocratie.

Remontez à une source plus pure : à la conscience; là vous trouverez l'amour divin, la céleste charité et tous les nobles sentiments qui unissent les hommes; et s'ils ne sont pas encore élevés à ces nobles sentiments, attendez que l'éducation et la religion les aient développés.

Sachez bien que le meilleur des gouvernements est la

démocratie pure, cette terre promise aux peuples sages et vertueux; mais qu'il faut errer encore bien longtemps, dans le désert aride des erreurs et des mauvaises passions, avant d'y arriver!

Sachez, en outre, que le plus mauvais des gouvernements est la démocratie, quand les citoyens qui la composent ont des passions qui font naître un conflit d'intérêts et d'opinions, et, par suite, la guerre de tous contre tous.

Voyez cet homme assis dans son cabinet d'étude : à son air sérieux et réfléchi, on dirait un philanthrope recherchant les moyens de rendre ses semblables heureux? Détrompez-vous, c'est un matérialiste plein d'égoïsme, d'ambition et d'envie.

Il broie le fiel de la haine avec les éléments pernicieux et mortels de la vengeance, avec le venin corrosif de l'envie, avec le caustique blessant de l'ironie, avec le noir de la calomnie; comme un peintre qui broie des matières renfermant des sels métalliques mordants et mortels pour composer des peintures éclatantes, il en fait un tout hétérogène, un poison corrosif et violent qu'il déverse dans le cœur de son frère pour l'affliger, le corroder de douleur, pour ternir l'éclat de l'honneur de ce frère qui l'offusque; pour noircir et rendre odieux son mérite qui lui porte envie, pour le livrer à la risée, au mépris de ses semblables, et, en l'avilissant, en le rabaissant, s'élever au-dessus de lui, en imposant par de fausses qualités, par de fausses vertus.

Son occupation est donc de souiller le front de son frère par le noir de ses odieuses calomnies, et de le faire rougir par des humiliations; de contrister son cœur par d'injustes offenses, de le blesser par des traits envenimés;

enfin, de l'abreuver d'amertumes qui le minent et déterminent parfois une indisposition qui le plonge dans la tombe!

Mais la malédiction que ce méchant voulait attirer sur la tête de son frère, retombe sur lui; car, au lieu de l'estime et de la considération qu'il recherchait, il n'obtient que le mépris et l'exécration du public.

Voyez ce vrai philanthrope, cet ami dévoué, loyal et sincère de son frère : il est occupé à rechercher les moyens d'améliorer le sort malheureux de beaucoup de ses frères.

Il broie l'amour avec la charité, le dévouement avec la bonté, le désintéressement avec la générosité, l'indulgence avec la patience, le pardon avec la miséricorde; il en fait un tout renfermant les éléments qui le font vivre dans des rapports de parfaite union avec ses frères et qui contribuent à les rendre heureux. Aussi, l'estime et la considération l'accompagnent; une auréole de gloire brille sur sa tête!

Les passions, je le répète, sont nuisibles, car elles viennent de l'égoïsme qui porte l'homme à n'aimer que lui et sa famille, ou peu s'en faut; tandis que la République veut que l'amour embrasse la patrie et le monde.

L'égoïsme fait naître :

1° La basse cupidité qui commet mille injustices pour entasser, et la République veut le désintéressement, le dévoûment;

2° L'orgueil qui s'éloigne de ses frères, et la République veut l'humilité, l'amour, la charité qui rapproche et unit les citoyens;

3° L'ambition qui veut des distinctions qui font les inégalités, et la République veut l'égalité;

4º Enfin, l'égoïsme fait naître toutes les passions qui sont les dissolvants de la République.

Peut-être pensez-vous que les hommes puissent se maintenir en république avec l'égoïsme dans leurs cœurs, attendu que c'est l'intérêt qui les réunit?

Quelle erreur!

Quoi! vous viendriez, sous le masque trompeur d'une amitié sincère, me serrer la main en cachant au fond de votre cœur les sentiments de vengeance, d'envie et de haine, glissant, sous vingt baisers, dans mon âme, de leur poison le fiel amer, corrosif et mortel? De vos lèvres perfides, au lieu du baiser de frère, je n'aurais donc que celui de Judas? Et vos injustes mains qui me combleraient de caresses, ne seraient donc que les serres cruelles de l'avide épervier, du vorace vautour? Vous me donneriez l'assurance de votre estime, de votre considération, avec le dédain et peut-être le mépris dans votre cœur? Enfin, avec le poli des expressions et le vernis de vos manières engageantes, vous viendriez m'accabler, soit par intérêt, soit par vanité, d'attentions et de civilités hypocrites et serviles?

Quoi! vous ne trouvez pas là des sentiments bien vils, bien dégradants pour un démocrate qui doit avoir la noblesse et la délicatesse des sentiments du cœur et l'élévation des pensées?

Avec de si vils sentiments, vous oseriez prétendre au véritable honneur qui veut le désintéressement, le dévouement, la franchise et la noblesse des sentiments et des pensées?

C'est l'amour, la franchise, le dévouement, la justice, le désintéressement qui doivent guider un bon républicain : ennemi de la basse flatterie, il rend, par devoir, justice à vos qualités ; voulant que l'on soit juste envers lui-même, il rend justice aux autres ; voulant que l'on respecte s: réputation, sa femme, son bien, il respecte toutes ces choses appartenant à autrui ; toutes ses civilités sont des fleurs dont il orne la chaîne qui le lie à son frère : chaîne d'amour qui ne comprime ni ne blesse.

Un vrai démocrate vient à vous, la bouche pleine de consolations, le cœur plein de sentiments de sympathie, de bienveillante attention.

Au cri de l'infortune, en proie à la misère, sa gaîté fuit, une douleur amère brise son cœur à ses gémissements ; à sa demande, soudain il vole pour soulager ses besoins ; car, pour lui, sa joie, c'est de calmer les souffrances et d'étancher les larmes d'un frère !

Comme il aime son prochain comme soi-même, dès que son cœur fait des vœux ardents pour son propre bonheur, il en fait pour celui de son frère ; dès qu'au moindre bonheur son cœur bat de joie pour soi-même, il bat de joie au bonheur d'autrui ; dès qu'à son propre malheur son cœur se brise de douleur, il se brise de peine au malheur de son frère !

Dès l'instant qu'il aime son prochain comme lui-même, il observe envers lui les mêmes devoirs ; de manière que l'amour lui fait trouver du plaisir à faire du bien à son frère ; tandis que la haine que fait éclore dans le cœur de l'homme un conflit d'intérêts et d'opinions, lui fait éprouver une infernale joie à mettre le noir chagrin dans le cœur de son frère, et, parfois, à le voir se tordre de douleurs dans le gouffre de misère et de souffrances que sa malice lui a creusé par ses criantes injustices !

Nous allons à la liberté, en nous dépouillant peu à peu, au moyen de l'éducation et de la religion, des erreurs et des passions qui nous rendent esclaves ; mais jusqu'à ce que les bons sentiments soient développés et mis en pratique, tous les efforts des démocrates, pour organiser une république et s'y maintenir, seront insuffisants.

Les passions qui nous enchaînent,
A leur suite toujours nous traînent
Remplis de maux et languissants,
Comme des captifs misérables
Que des tyrans inexorables
Traînent à leurs chars triomphants !
Et cette chaîne redoutable
Qui fait nos maux et nos revers,
Toujours d'un bruit fort lamentable
Fait retentir tout l'univers !

« Les passions, me direz-vous, sont nécessaires, et l'homme sans passions est une machine sans ressorts. »

Quels ressorts, grand Dieu ! qui poussent et précipitent la société dans un abîme, d'où, parfois, elle ne peut se sortir, comme un ressort trop violent, qui, faisant sortir de leurs ornières les roues d'une voiture, précipite celle-ci dans un bourbier.

Eh bien ! supposons que ma passion soit la cupidité ? Par une ruse diabolique, je parviens à vous escroquer une forte somme. Pourquoi êtes-vous indigné d'une telle friponnerie ? Pourquoi criez-vous si fort : « Au voleur ! » et demandez-vous justice et vengeance d'une telle violation du droit ?

Que voulez-vous ? c'est ma passion ; supportez-en la conséquence, puisque vous en avez posé le principe.

Au moindre baiser qu'une perfide épouse reçoit en secret de son amant, le courroux du mari s'allume, sa main s'arme d'un fer homicide ; il court, il vole pour venger son affront ; et quoiqu'il se rendît d'avance lui-même coupable d'adultère, il frappe, il blesse, il tue !

A chaque coup qu'il porte, il prononce sa propre condamnation; et cet injuste mortel qui se fait une gloire, un plaisir de porter la honte sur le front de son frère, et dont le cœur est souillé d'affreuses et coupables turpitudes, en châtiant les conséquences du principe du mariage de la main gauche qu'il posait, se trouve en manifeste contradiction avec lui-même.

Misérables! vous voudriez avoir la liberté de satisfaire vos mauvais désirs au détriment de votre semblable, mais vous ne voudriez pas qu'il eût la même liberté.

Ainsi, vous vous condamnez vous-mêmes; car, en demandant justice d'un tort dont votre frère s'est rendu coupable envers vous, vous l'appelez sur vous, si vous avez commis la même faute?

Quoi! pour qu'un vaisseau aille bien, il faut que la mer le soulève et le tracasse; que la tempête l'agite, le traîne tout dégradé d'écueil en écueil et le précipite sous l'abîme des eaux?

Comme le bonheur social ne peut résulter que de la double perfection matérielle et intellectuelle de la société, quel système faut-il prendre pour réaliser ces deux grandes idées? Celui du communisme? Le communisme prend racine dans le vide, se développe dans le chaos et produit la confusion.

Le système de l'école saint-simonienne, créée par Saint-Simon, ou celui de l'école fouriériste, créée par Fourier? Ce ne sont que deux utopies reléguées dans le panthéon des illustrations tombées.

Certain de ne pas me tromper, je prends la morale du Christ, comme ayant pour but le perfectionnement et le bonheur du genre humain; elle le conduit à l'ordre, à la paix, à l'union, à la fraternité, au bonheur, en lui inspirant la vertu.

Le Christ, en dégageant par sa lumière, par sa morale, l'homme des erreurs et des usages bizarres et sauvages du paganisme, et en lui révélant l'existence d'une âme spirituelle en lui, et sa dignité morale empreinte sur son front comme un emblème sacré apposé par les mains de l'Éternel, l'élève à la sphère de la raison sur laquelle il pose les fondements de l'union, de l'ordre, du bonheur, etc..., représentés par les mots d'Amour! de Charité! de Fraternité! mots à jamais mémorables comme signes représentatifs des pensées les plus sages et les plus sublimes! qui peuvent faire disparaître le fléau destructeur de la guerre, de l'orgueil; réunir les classes, les nations, enfin, tous les hommes, et les rendre heureux en leur inspirant les sentiments de justice qui peuvent rendre l'homme digne d'estime et de considération; car celui qui s'élève au-dessus des sens et les domine, s'élève au-dessus de l'animal, parce qu'il dégage sa pensée de la fange pour l'élever vers les cieux.

L'histoire est là pour prouver que le Christ a puissamment contribué, par son principe d'humanité et de charité, à tempérer, adoucir les mœurs grossières et sauvages des hommes, et à les élever à un certain degré de civilisation, qui va toujours faisant des progrès, à mesure que l'esprit de l'homme, éclairé par l'éducation, peut se défaire de ses préjugés, de ses erreurs qui l'aveuglent, et s'inspirer des beaux sentiments de la conscience, qui lui suggèrent de nobles pensées qui l'élèvent, je le répète, au-dessus des sensations matérielles de l'animal, au rang duquel il se ravale par ses défauts.

Loin d'écouter la Providence,
Nous parlant par la conscience,
L'homme n'écoute, par erreur,
Que ses impressions grossières,
Causes du mal, de nos misères,
Et puis d'un éternel malheur !
De tous les vains plaisirs que le monde présente,
Toujours, toujours remplis d'une soif vive, ardente,
A la coupe dorée, écumante de miel,
Vous buvez à longs traits la liqueur agréable
Qui, portant dans vos seins un plaisir condamnable,
Affadit votre goût pour les choses du ciel.
Et comme la vapeur, à l'impulsion vive,
Sur un chemin glissant meut la locomotive,
Plutôt la fait voler comme un éclair fatal !
De même, un vif désir qui meut, dévore l'âme,
Parfois, tout hors de nous, nous lance, pleins de flamme,
Dans la route glissante et rapide du mal.
Bien loin, par mille efforts, d'en surmonter la pente,
Vous vous laissez aller, d'une humeur indolente,
Poussés par mille vents, dans ce chemin de fleurs,
Dont le parfum, semblable au poison qu'on respire,
Vous plongeant malgré vous dans un profond délire,
Vous endort, vous retient dans des rêves trompeurs.
Toujours au gré du flot de la foule insensée,
Volant vers les plaisirs, de les prendre empressée,
Vous vous laissez aller au rapide torrent,
Dont l'issue est un gouffre où descend le coupable,
Quand la mort, de sa faux cruelle, épouvantable,
Tranche, sans choix, les jours de ce mortel méchant !

Quelle est la cause du mal ? L'ignorance ; c'est l'arbre du mal, dont les nombreuses branches couvrent toute la terre.

Elle a dressé la tête de l'homme en lui inspirant de l'orgueil, a fait vibrer son cœur au combat en faisant briller à ses yeux le fantôme de la gloire ! et, mettant dans sa main un fer homicide, et sur ses yeux un voile épais, l'a lancé dans le chemin du mensonge, des illusions, des rêves, en un mot, dans un abîme de malheurs d'où la main éclairée de l'éducation cherche à le retirer.

Qu'ai-je besoin de vous décrire le mal ? On voit son visage odieux ; on sent les douleurs qu'il occasionne ; on voit les victimes qu'il a faites; les gémissements et les pleurs qu'il traîne à sa suite; le trouble, le désordre et les divisions qu'il occasionne; enfin, les traces de sang qu'il laisse profondément empreintes sur la terre!

Ces conséquences fâcheuses, c'est vous-mêmes qui vous les attirez par vos passions; car le mal entraîne toujours une peine qui retombe sur celui qui le commet.

Lisez l'histoire, vous y verrez que les erreurs, les passions ont toujours appelé des guerres, lesquelles créent des monopoles dont les charges vous pèsent beaucoup; c'est un tribut que le désordre paie à l'ordre.

Ainsi, on ne peut être libre qu'à la condition d'accomplir les devoirs que la conscience nous impose envers nous-mêmes, envers nos semblables et envers Dieu

Auprès de la licence est l'affreux esclavage,
Mais auprès des vertus trône la liberté.
Le bonheur est seul fait pour un cœur juste et sage,
La peine et le tourment sont pour l'iniquité.

Si votre raison est choquée de l'existence de quelques préjugés, de quelques erreurs, de nombreuses passions, et que vous désiriez une réforme? commencez par vous dépouiller vous-mêmes de ce que vous trouvez contraire à la justice, à la raison : alors le bien passant de l'un à l'autre, la réforme que vous désirez s'accomplira sans secousses, sans violences, sans meurtre, sans faire de victimes!

Contribuer, par l'éducation, par la religion, par la pratique des vertus, en un mot, des bons sentiments, à mener graduellement les hommes à l'union, est un acte louable; mais vouloir, par la violence, forcer les hommes à y arriver tout d'un coup, et vouloir trancher les têtes de ceux qui, par ignorance, persistent à marcher dans la voie des nombreuses erreurs qui vous éloignent du but, c'est être, non les bienfaiteurs de l'humanité, mais ses bourreaux!

Des rouges (1) repoussant l'odieuse cabale,
Contraire à l'équité, même antisociale,
Unissez-vous aux vœux du grand Napoléon,
Qui, protégeant toujours une liberté sage,
Réclame votre appui pour conjurer l'orage
Qui, depuis quelque temps, gronde à notre horizon!
Si le cri de menace, en parcourant la terre,
Comme une voix sauvage, ose appeler la guerre,
Malheur! cent fois malheur! car soudain, à ces mots,
Vont sortir à grands bruits des antres infernaux :
La Gloire, au front si fier, rendant l'homme homicide;
La Barbarie, au cœur insensible, d'airain,
Et qui, toujours de sang insatiable, avide,
Se plaît à le verser de son fer inhumain;
La Vengeance cruelle et que la haine anime,
Dans sa rage, entassant victime sur victime;
L'ardente et sombre Envie, au cœur vil et cruel,
Sur l'éclat de l'honneur distillant tout son fiel;
La Misère, au cœur dur, de tous les maux suivie,
Répandant la souffrance et des pleurs dans la vie;
L'Erreur, la sotte Erreur, de son épais bandeau
Voilant de la raison le rayonnant flambeau;
La cruelle Fureur, au cœur dur et sauvage,
Les mains teintes de sang, appelant le ravage;
La Discorde sans frein, au cœur vil, odieux,
Troublant l'ordre et la paix, hélas! dans tous les lieux;
L'inexorable Mort, de sa faux meurtrière,
De victimes jonchant l'arène de la guerre;
Le cruel Désespoir, entre ses bras de fer
Torturant des blessés par un tourment amer!

J'ai compris que la Croix (2) peut nous régénérer, nous réunir dans un cercle étroit de bons rapports, et nous rendre heureux; car, en immolant notre égoïsme, qui est la source de tous nos mauvais penchants, toute la foule de nos ignobles passions s'enfuit, comme un monstrueux édifice s'écroule quand on ôte la pierre fondamentale qui

(1) Pour révolutionnaires.

(2) Pour le Christ.

le soutenait ; alors, nous nous élevons à nos nobles facultés, à de saintes et généreuses pensées qui nous inspirent les beaux sentiments de la conscience : l'abnégation, le dévouement, l'amour, la charité envers notre prochain, et nous faisant ainsi pratiquer toutes les sublimes vertus, nous revêt d'un caractère de dignité qui nous élève au-dessus de la bête, et nous rend réellement dignes d'estime et de considération : c'est là le véritable honneur !

En effet, qu'est-ce qu'il y a de plus méprisable, nuisible, injuste, déraisonnable, contraire au bonheur, à la paix, à la fraternité, que le vil égoïsme, qui nous agite pour accumuler ; qui nous tourmente de peur de perdre ; qui nous rend durs, insensibles envers un malheureux, en paralysant, au fond de notre cœur, les sentiments de charité, d'amour, de dévouement, de justice envers lui ?

Enfin, quoi de plus injuste que l'amour-propre, ce miroir trompeur où nos monstrueux défauts nous paraissent être des qualités ?

Quoi de plus juste, utile et raisonnable que la Croix ? car, en nous faisant immoler notre égoïsme, elle nous délivre de son asservissement et nous permet d'écouter la charité qui, embrasant notre cœur d'un amour désintéressé, nous fait voler au secours des malheureux pour soulager leurs maux et tarir leurs larmes, fait vibrer notre cœur de joie à l'aspect du bonheur d'autrui, et le brise de douleur à l'aspect de ses cruelles peines !

Quoi de plus vil et méprisable que ce sentiment d'égoïsme qui, stimulant toutes nos actions, nous fait agir dans le seul but de l'intérêt personnel, et qui remplace dans notre cœur l'amour du bien, le dévouement inspiré par la vertu qui devrait servir de motif moral à toutes nos actions pour avoir droit à l'estime, à l'honneur !

Quoi de plus sublime, héroïque, estimable que la Croix ! qui, nous faisant immoler le vif sentiment d'intérêt qui stimule toutes nos actions, nous inspire, pour stimulation, le dévouement qui sacrifie son intérêt particulier à l'intérêt général ; et qui, mû par le seul motif du bien, pour le seul amour de ses semblables, accepte des charges, les remplit avec intégrité, observe lui-même la justice qu'il veut qu'on lui rende ; et qui, dans l'accomplissement de tous ses devoirs, jouit de l'estime et de la considération de ses concitoyens !

Quoi de plus fade, de plus dégoûtant que cet échange d'attentions, de civilités intéressées ?

Quoi de plus sympathique, sincère, estimable que la Croix ? car, en nous faisant immoler ce vil égoïsme qui sert de stimulation à toute notre conduite, elle nous inspire le sentiment de charité envers notre prochain, et nous porte à lui prodiguer des égards, des soins, des amitiés, des politesses sincères, délices des âmes honnêtes ! et capables d'inspirer la confiance, base du commerce, et de contribuer à la prospérité, au bonheur public.

Quoi de plus faux que ce monde où, par un renversement des idées les plus saines, les plus sages, les plus raisonnables, le vil intérêt tient lieu de dévouement, la fine ruse de moyen permis pour s'asservir les intérêts des autres ; où l'on se donne des coups de patte, qui passent pour glorieux, parce qu'ils sont adroitement donnés, mais qui ne font pas moins ressentir la griffe cruelle cachée sous le velours ; où l'on blesse le cœur de traits envenimés, qui sont permis parce qu'ils sont ornés de fleurs, mais qui ne font pas moins, dans le cœur où ils frappent, des blessures profondes par le caustique et parfois le poison mortel dont ils sont empreints; où le sang d'un ennemi doit, en duel, laver une offense; où la vertu est tournée en ridicule par le vice; où les mauvaises actions d'éclat passent pour belles; où les plus méprisables passent pour glorieuses!

Quoi de plus vrai, sincère, raisonnable, utile à la paix, à l'association universelle des hommes, ainsi qu'à leur bonheur, que la Croix? qui, nous faisant immoler notre égoïsme, nous inspire des sentiments de justice et de loyauté, qui nous portent à observer envers nos semblables tous les devoirs que nous désirons qu'ils nous soient rendus!

Enfin, quoi de plus inhumain, cruel, sauvage, déplorable et monstrueux que l'orgueil qui oppresse la terre; l'ambition qui la ravage; l'esprit de conquête et de parti, la fausse gloire et la vengeance qui l'ensanglantent; la calomnie et la médisante envie qui l'infectent de leur souffle empoisonné; la lubricité y répandant la corruption des mœurs?

Quoi de plus sublime, pacifique, raisonnable, utile à l'ordre, à la paix, au bonheur de tout le monde, que la Croix? qui, nous faisant immoler l'égoïsme, l'orgueil, l'ambition, enfin toutes nos mauvaises passions, nous inspire la charité, l'amour, l'indulgence qui éteignent le feu de la haine, arrêtent le bras de la vengeance, préviennent des guerres terribles, des déchirements, des malheurs inouïs! enfin, qui inspirent aux hommes toutes les vertus qui doivent les réunir dans des rapports de parfaite union!

O Christ divin! je te salue,
Comme la justice absolue,
Un esprit fort, puissant et pur!
Ah! sois pour moi la belle aurore
Qui, d'un rayon, éclaire et dore

Mon horizon étroit, obscur.
Oui, comme la vapeur qui passe,
Pleine de honte et de disgrâce,
L'erreur, un jour, disparaîtra ;
La vérité de ta parole,
Comme une brillante auréole,
Pleine de gloire éclatera.
A ton principe tout s'efface!
Lustre d'objets que l'on entasse,
Pompe frivole au faux éclat;
Mais la justice profitable
Aux yeux du ciel est respectable,
Et fait grandeur dans chaque état.
Ta vertu sublime, exemplaire,
Dont tu fis preuve sur la terre,
Courbe à tes pieds le genre humain;
Car, ici-bas, le fou, le sage
A la vertu rendent hommage,
Comme à quelque objet de divin.
A ton honneur sur cette terre,
L'orgueil a rugi de colère,
En voyant, avec mal au cœur,
Ta pauvreté, ton humble lange
Flétrir de honte la louange
Due à la pourpre, à la grandeur.
A ton influente parole,
Toute impudique et folle idole
A voilé son front insolent;
De tout faux dieu l'impure image,
A laquelle on rendait hommage,
A tremblé sur son fondement.
A ta morale que Dieu fonde,
Qui doit régénérer le monde
Par ses préceptes purs et beaux,
Les fiers conquérants de la terre
Ont vu tomber dans la poussière
Leur vaine gloire en grands lambeaux!
Et leurs magnifiques statues,
Que l'orgueil élevait aux nues
Avec de riches ornements,
Ont été réduites en poudre.
Notre raison, comme la foudre,
Détruit la gloire des méchants.
Rois, à ses pieds posez le sceptre!
Des monarques il est le maître,
Car il a su vaincre la chair :
Et qui sait se vaincre soi-même
Est de nous tous le roi suprême,
Et son nom traverse la mer!
Et son éternelle morale,

Du bien source fondamentale,
A jailli du corps son tombeau;
Car cette divine lumière
Doit éclairer toute la terre,
Ainsi qu'un éclatant flambeau!
Par cette morale immuable,
Par conséquent inébranlable
Par les méchants et les pervers,
Notre ignorance originelle,
Qui rend l'erreur universelle,
Doit s'éclipser de l'univers.
Sa morale bien équitable,
Au genre humain indispensable,
Est de toute éternité :
C'est la même qu'à tous révèle
La conscience qui rappelle
Chacun de nous à l'équité;
La même, enfin, qui, ferme, stable,
Forme la base inébranlable
Des bonnes lois dans les états;
La même, enfin, qui, dans ce monde,
Mer en tempêtes si féconde,
Vers le bon port conduit nos pas;
La même, enfin, qui, par sa grâce,
Dans un cercle d'amour enlace
Tous les humains, grands et petits,
Qui, désirant de la sagesse
Goûter les fruits si doux sans cesse,
Exécutent ses bons avis.
Un rayon d'amour de son âme,
Comme un trait de sa pure flamme,
Qui tomba du haut de sa croix,
Éclairant le maître sauvage,
De la chaîne de l'esclavage,
A la longue, allégea le poids.

## INVOCATION AU CHRIST, ESPRIT DE JUSTICE.

O Christ! sur notre pauvre terre,
Terre de maux et de misère,
De pleurs et de gémissements,
Que répandent, en leur détresse,
Les humains divisés sans cesse
Par des débats si différents,
Viens, par ta divine lumière
Dissipant la funeste erreur,
Porter ton appui salutaire,
Et nous rendre avec toi le calme et le bonheur!

Prenant ton vol de l'empyrée,
De ta chaude haleine sacrée,
Ah ! touche le cœur des humains
Qui, dans leur rage et leur démence,
Gémissent dans l'erreur, fille de l'ignorance,
Et leur bonheur sera l'ouvrage de tes mains.
Exauçant ma prière, au nom de tous, par grâce,
Descends chez les mortels divisés, malheureux,
Par l'intérêt, l'orgueil qui causent leur disgrâce,
Les unir, les guider, tout en régnant chez eux.
Comme ce voyageur, sur une aride terre,
Que l'ardeur du soleil brûle, fatigue, altère,
Qui soupire après l'eau, l'ombrage, la fraîcheur,
Du sein de nos abus et de notre injustice,
Nous soupirons, après ton secours, ta justice,
Ton esprit pacificateur.

Que tout, amis, se réjouisse,
Et que tout cœur s'épanouisse,
En faisant retentir de beaux concerts de voix !
Paix générale cette fois !
Cette paix, chers enfants, par nous fort attendue,
Par Jésus-Christ est descendue,
Le front tout couronné, portant, entre ses mains,
Le traité d'union, d'amour et d'alliance
Qui doit, en bonne intelligence,
Faire vivre tous les humains.
Abjurant la discorde, à l'union contraire,
Et des débats faisant taire le long procès,
Ah ! que chacun de nous, par charité sincère,
Se donne le baiser de paix !
Substituant enfin à l'affreuse discorde
La douce humilité, la paix et la concorde ;
Et que, vivant toujours dans des rapports étroits
De charité, d'amour, de bonne confiance,
Nous goûtions la joie ainsi que l'abondance,
En observant de Dieu les équitables lois.
Des vices combattant l'affreuse théorie,
Et de l'horrible barbarie,
En faisant à ses yeux briller l'humanité,
Enchaînons tous les bras, et de la vérité
Faisons éclater la lumière
Qui nous conduira de la terre
Dans un monde meilleur ! à la félicité !

www.ingramcontent.com/pod-product-compliance
Lightning Source LLC
LaVergne TN
LVHW010104230826
846091LV00005B/2082

* 9 7 8 2 0 1 1 7 9 2 7 0 9 *